# Parce Qu'un Jour

# ADSO

# Parce

# Qu'un

# Jour

Parce qu'un jour la magie de l'amour t'a placé sur mon chemin et que les arbres alors ensemble ont chanté. J'ai senti ce jour là, la pluie douce et chaude comme après un orage. Les couleurs se sont versées dans tes yeux, et pour la première fois juste en te regardant j'ai vu l'arc-en-ciel. Toutes les lumières du monde dansaient dans le fond de tes yeux ; alors j'ai rêvé de tes bras pour la première fois parce que ce jour là tu étais heureux de me rendre heureuse. Ta visite apparaît comme un lit de fleurs sur ma vie.

Parce qu'un jour Dieu a créé l'homme et la femme, alors est venu l'amour. Pouvons-nous dire que nous sommes nés pour nous aimer ? Oui je le crois, sinon je ne pourrais pas passer ma vie à t'écrire. J'attends de toi, à nouveau le premier geste, parce qu'un jour (le jour de la fête de la musique) tu m'as pris la main. C'était si bon …, j'aimerai tant que ce jour revienne et se multiplie à l'infini : aussi longtemps que je t'aimerai.

Les jours de la création sont les jours de Dieu, les longs jours du monde. Six jours pour tout créer et le septième, un instant intemporel où l'Éternel veille sa création en espérant qu'elle sera toujours prospère et respectueuse. Ton rêve devient mon rêve : un monde sans guerre, dans la lumière du progrès parce qu'un jour il faudra bien accueillir nos amis extras-terrestres. Parce que le monde est fait pour s'ouvrir, comme le corps d'une femme, en permanence sous les mains des serviteurs de la vie.

Le jour c'est la lumière et le temps : toi, présent et toi lorsque je t'attends. Avec toi, et quand tu n'es pas là physiquement, je vis des moments d'une telle intensité qu'en pleine nuit je me réveille sous la lumière de ton regard, tu es mon astre de clarté qu'aucun astronaute n'a pu encore identifier. Tu es mon Païkan, je suis ton Éléa. Portés par la bienveillance universelle de l'Éternel, comme un trait de feu, nos destins nous emmènent vers le grand mythe des amants légendaires. La vraie vie, c'est là où je te rejoins chaque fragment de vie. Ma poésie te montre à l'univers et ton esprit brûlant de douceur et d'intelligence me fait boire le nectar des étoiles au bout de tes mains.

Lorsque nous sommes ensemble, que tu es près de moi, que je peux te toucher, t'embrasser (ce que je n'oserai jamais, alors ose !), le temps se fige au cristal de ton impatience, si patiente depuis maintenant six ans. Alors, nous pouvons dire : "Nous ne percevons donc pas le temps en train de passer ou de s'écouler. Ce que nous percevons , ce sont des différences entre nos sensations actuelles et nos souvenirs actuels de sensations passées. Nous interprétons ces différences à la fois de façon correcte, comme la preuve que l'univers change avec le temps, et de façon erronée, comme la preuve que notre conscience, ou le présent, quelque chose se déplace dans le temps."[1] Nos ombres s'enlacent au mur de nos pensées, et le temps tout entier s'enferme lorsque tu franchis le seuil de ma porte. Et, je n'ai qu'à tendre les mains vers toi pour cueillir des étoiles. Il est fort probable que notre histoire d'amour plaise à la jolie licorne, qui veille sur ton sommeil pour t'emmener au pays de ton enfance lorsque tu nageais au pays des sirènes. Maintenant tu nages dans mes pensées et à nouveau le jour viendra où un livre verra le jour, parce qu'un jour tu as eu la gentillesse de venir jusqu'à moi. Alors, ce sera, encore et toujours, la joie, toi !

Cette joie que nous venons toucher, même à notre insu, est une joie qui n'a pas besoin d'extériorité. Et pourtant tu aimes te chauffer à la flamme de mon désir de toi ; désormais la rose de mon amour est en toi. Sache qu'il y a des roses qui ne meurent jamais, ensemble célébrons la vie. Merci...

---

[1] David Deutsch, *L'Étoffe de la réalité*, 2003, Paris, Cassini, traduit par Françoise Barbier.

Éditions : BoD - Books on Demand
12/14 rond-point des Champs Élysées
75008 Paris
Imprimé par – Books on Demand, Nordestedt
ISBN : 9782322186020
Dépôt légal : october 2019

Comme c'est bon : La joie d'aimer,
Et de t'en parler dans le silence arrêté.
C'est si bon d'avoir ton soleil dans mon cœur,
Et c'est si bon de t'avoir connu de bonne heure.
À l'aube de ma vie de femme,
Tu as mis l'océan dans mon âme.

Comme c'est bon d'aimer un roi ou un mendiant
Comme c'est bon de rester douce comme une enfant.
L'horloge pleine de cristaux,
À portée de plein d'oiseaux.

Au bord de la plage,
L'infini sentait l'amour du sage.
J'ai caressé tous mes destins,
Tu as mis des fleurs au rivage,
Juste à tendre les mains, tes mains.

Comme c'est bon, de se sentir tremblante sous l'orage,
Comme c'est bon, de se sentir libre de t'embrasser,
Et je sais écrire les plumes des pages
Qui volent dans l'éternité.
Comme un baiser, la bouche du brasier,
Et le feu, le feu, le feu si fort…
Aimer au fin fond des palais,

Au fin fond des rues du plein Nord.
Et je reviendrai dans la lumière
Chanter à ton cou les mélopées d'éclairs.
Parce que le matin au lever
L'eau, l'immense océan est : bleu, outre mer.
Et tes yeux sont une cascade, une plongée.

Outre mer, il y avait des roses
Aux embruns et aux parfums
Outre mer tes mains tendues vers mon petit matin
Outre mer, il y avait des roses.
Au bord de notre berceau
L'Amour est né, fou et feu, et fort
Mais calme grand ce berceau,
Protège, protège cet Amour… encore,

Car encore veut vivre,
Car comme c'est bon la joie d'aimer.
De ta bouche, je m'ennivre
Et mes songes sont plein de baisers.

Je t'ai rencontré le jour d'un certain temps,
Où la vie prenait le temps de fleurir ;
À chaque nuée du vent

Loin des hospices du satyre[2].
Et c'est dans un vin sucré
Que la Licorne ira désormais galoper,
Car elle aime la joie ;
Et offre à tous les enfants le même toit.
Un rêve souple qui dérive depuis les océans
Enlacés bords à bords au bout de chaque temps.

Comme c'est bon la joie de t'aimer
Pour célébrer le jour où tu fus à moi lié
Dans un temps indéfini ;
Éternel comme la vie.
Cet instant où ton sourire m'envahit
Comme une brise, jamais évanouie,
Je t'ai toujours dit oui
Le souffle de l'espace dans ton cou
Et l'amour de plus en plus fou
Entouré de milliards de fleurs
Comme tes baisers rêvés : le plus grand bonheur,
Tu es l'étoile qui domine mon cœur
Tu es le vent qui soulage mon âme
Et du soleil, la plus intime flamme,
Le rayonnement de chaque instant

---

[2] Le satyre, sáturos est une créature de la myhologie grecque. Les satyres associés aux féminines Ménades, forment le cortège dyonisiaque, qui accompagne le dieu Diyonisos. Ils peuvent aussi accompagner les nymphes, qui sont des créatures féminines de la mythologie grecque antique.

Tu surgis toujours présent
Et le temps dès lors muet s'arrête.
Mon cœur connaît tous les paysages : de tes vallées à tes crêtes
Et c'est au rythme de ta vie, que désormais rien ne m'arrête
Comme c'est bon la joie de t'aimer
De vivre dans la lumière de ton éternité
Ton ombre est plus souple que celle du chat
Qui soupire dans mes draps,
Où le sommeil me vole à toi !
Et j'attends chaque jour,
De te prouver le bleu de cet amour
Comme le ciel qui se couche sur tes yeux
Et qu'au même instant je fais le veu
De t'entendre soupirer auprès des fées
Le doux secret, de notre passion et de sa volupté.

Tu es la douceur de mon corps,
Le souffle qui t'appelle toujours et encore.
Que ta lumière couvre toutes ces roses de midi, de minuit
Puisqu'elles te parlent de toutes ces vies
Comme un vent sur l'injustice,
Pour que la beauté des premiers temps rejaillisse
Dans l'espoir que ce nouveau siècle voit la fin
De la haine, de la peur : vestiges du malin
Qui meurt quand tu ouvres les mains.
Ces mains qui caressent l'espoir auprès d'une simple lyre
Et qui m'ouvre le chemin chaque fois où je te respire.

Comme c'est bon la joie de t'aimer
Et de voir l'éternité se poser
Sur les ailes des anges qui t'ont mené jusqu'à moi …
Et tu apparais plus troublant, chaque fois.
Il nous aura fallu du temps et du chemin
Pour que ta main, un certain jour caresse ma main
Dès lors les lignes de nos main[3] s'unissent sur un parchemin
Et sur l'horizon de la mort,
Je t'aimerai encore,
Parce qu'un matin l'Éternel m'aura choisie pour toi,
Et t'aura choisi pour moi
Dans un amour aussi fondamental qu'Adam et Ève
Et c'est au sein de Dieu et de son plus grand rêve
Que la création de l'amour
Apparut après la lumière du jour
*"L'Éternel-Dieu dit il n'est pas bon que l'homme soit isolé ;*
*[La première solitude allait être comblée]*
*Je lui ferai une aide digne de lui."*[i]
Il en fut ainsi de la création de l'humain et de ses rêves de paradis
Adam et Ève vécurent un certain temps,
L'amour, le plus innocent
Époux et épouse pour la plus intime des alliances humaines

---

[3] Nos lignes de la main se sont formées bien longtemps avant nos naissances. Au moment de la mort, tes lignes seront exactement les mêmes que les miennes ; et nous saluons les fées qui chantent la chiromancie de nos corps, sur la courbe du destin.

La première union qui allait devenir certaine
Avec l'ultime promesse de l'époux
Prononcée dans le cantique de Salomon, puissant et doux :
"Oui, je viens bientôt," et pour le reconnaître juste l'admirer
À la fenêtre étrange de mes secrets.
*"Sa tête est comme l'or pur, les boucles de ses cheveux*
*[Concurrencent avec la lumière de ses yeux]*
*[Elles] pendent [...] noires comme le corbeau,*
*Ses yeux sont comme des colombes sur le bord des cours d'eau*
*[...] ; ses lèvres sont des roses, elles distillent la myrrhe liquide*
*[Et portent le souffle jusqu'à toi David*
*Dans ta fuite, tu deviens roi "de tout : Israël !"*
*Ta maison et ta royauté demeureront à jamais sourire de l'Éternel*
*Il franchira l'exil avec Zorobabel].*
*Ses mains sont des cylindres d'or, incrustés d'onyx [parfois bleues*
*Qui se jettent dans mes yeux]*
*Son corps une œuvre d'art*
*En ivoire,*
*Ornée de saphyrs"*[ii]
Tu deviens jour après jour, mon seul désir
De l'instant où je me lève
À celui où je vais en rêves :
Tu es là,
Il n'y a plus que toi !
Espace plein de la joie de mon amour
Clarté suprême de la douceur du jour :

Tu fus, tu es et tu seras
Toujours dans mon cœur, malgré moi ;
Et notre amour s'en ira avec la paix dans le monde
Sur l'échelle des étoiles tremblantes à la seconde,
Où je les chercherai dans ton regard
Encore une fois, un peu ce soir.
Et tu découvriras, je le crois
Le bonheur intemporel d'être aimé
Par tout l'au-delà, toujours réilluminé.

*J'aime la vie*

Parce que c'est toi qui l'as choisie ;
J'aime la vie, parce qu'elle m'a donnée,
Le soleil,
J'aime le soleil, parce qu'il m'a donné
L'éclat du ciel, où tu parais merveille,
Soudaine, inattendue, subite, intemporelle
Tu es l'étoile qui étincelle
Le premier instant,
Et tous nos autres moments …
Et en ce jour, il y aura une marée de roses à ta bouche
Que je cueillerai sur tes lèvres, jusqu'à ma couche.
Où emportés par la passion,
Nous nous embrasserons
Pour exulter dans l'arc-en-ciel[4]
Et notre joie si réelle
Fera chanter Aphrodite[5] devant cet océan de plaisir

---

[4] Photométéore, qui rend visible le spectre continu de la lumière du soleil quand il brille pendant la pluie : c'est un arc coloré avec le rouge à l'extérieur et le violet à l'intérieur. Isaac Newton retint sept couleurs : rouge, orange, jaune, vert, bleu, indigo et violet. Il ajouta l'indigo pour que le nombre corresponde à celui des noms des notes de la gamme musicale.

[5] Certains mythologues comparatifs ont affirmé qu'Aphrodite était un aspect de la déesse grecque de l'aurore Éos (affublée des épithètes homériques "aux doigts de rose," "en robe de safran," "aux avant-bras de rose." Homère et Hésiode la présentent comme "enfant du matin.") Deborah Dickmann Boedeker souligne ainsi que la désignation d'Aphrodite comme "*fille de Zeus*" rejoint celle de l'aurore comme fille du ciel dans la tradition indo-européenne.

Et les nymphes[6] tout autour s'accorderont dans un rire
Qui montera jusqu'à l'Olympe[7], dans un jet d'ambroisie
Que Zeus dégustera jour et nuit.

Chaud, il fait chaud dans ta vie.
Vie, vie, vivre même la nuit,
Et, ce temps qui galope vite,
Chaud, il fait chaud dans tes bras,
Toi, donne-moi, l'amour et le gîte,
Élevons au ciel, chacune de nos lois.
Ta maison est aussi douce que tes bras,
Colonnes de marbre qui mènent jusqu'à ton visage
Je m'endors dans ton paysage ;
Et tout de fleurs devient ton portrait.
Je t'aime aujourd'hui et à tout jamais.
Présent et futur auprès de toi, j'aime la vie
Comme les dernières couleurs d'un rêve ébloui.

---

[6] Les nymphes sont des créatures légendaires, des divinités subalternes. Leur nom vient du grec númphê signifiant généralement « *jeune fille* ». Leur nom a donné naissance au terme nymphomanie car elles étaient réputées pour leurs nombreuses aventures. De fait, les mythes les associent fréquemment aux satyres, d'où une tendance sexuelle d'hypersexualité fantasmée.

[7] Le mont Olympe est la plus haute montagne de Grèce avec un sommet à 2917 mètres : domaine des dieux de la mythologie grecque. Il fait partie des dix parcs nationaux de la Grèce : montagne sacrée faisant l'objet d'une forme de vénération religieuse de la part des populations humaines vivant alentour. Les croyances associées au sommet peuvent dans certains cas interdire aux mortels d'en entreprendre l'escalade.

Laisse-moi devenir la rose *"liane*"[8] de ton corps
Pour faire jaillir la force au bout de tes doigts d'or.
L'hiver sera terre de semence jusqu'à notre premier été,
Où tes paroles deviendront mes mots.
Que je prononcerai de plus en plus tôt
Sur un parchemin bleu,
En un instant, une éternité ;
Puis, mettons-le au feu,
Parce qu'un instant, tu m'aimerais.
Et cette seconde sera intemporelle,
Et notre liaison de plus en plus belle.

Le feu, l'éternité, le bleu,
Les lois, le gîte, l'amour
Les bras, le temps, la nuit, donc les cieux,
La vie, le chaud, le ciel, donc le jour,
Et, alors, après le jour vient la nuit.
Puis après la haine, vient l'amour.
Et alors, après la mort, vient la vie.
Oui, j'ai déjà dit non,
Une fois, et j'avais raison.
Non, il n'a jamais dit "pardon",
Il n'avait dit que mon nom.

---

[8] Les rosiers lianes : "Aicha," "Leverkusen," "Ghyslaine de Féligonde," "Crown Princess Margareta," "Pierre de Ronsard," "Burgundy rambler," "Bobbie James," "Château du rivau," "Ethel" et rosier "Minnehaha."

Mais, quelle importance ?
Il y aura toujours elle.
Pour t'aimer cette chance,
Pour t'aimer dans la ruelle.
Je ne peux rivaliser avec le hasard[9],
En son mystère naît l'espoir.
En d'autres termes, pour Aristote, le hasard
Ne peut que provenir du hasard.
Laisse-moi être une vague au hasard de ton océan
Le souffle de nos baisers dans le vent.
Alors, peut-être nous maîtriserons le temps …
Qui s'enfuit et revient doucement.

Et, toi, qui marches seul,
Donne-moi, ta main.
Car, moi aussi, je suis seule.
Car, moi aussi j'ai une main,
Mais, sais-tu ?
J'ai aussi des yeux et une âme,
Mais, sais-tu ?
Que je suis aussi une femme …
Faite pour t'aimer
Jusqu'à la dernière nuitée.

---

[9] Voici la définition qu'Aristote donne du hasard : « *il y a une foule de choses qui se produisent et qui sont par l'effet du hasard et spontanément,* » mais il affirme que « *le hasard, ni rien de ce qui vient du hasard ne peut être la cause des choses qui arrivent dans la plupart des cas.* » Aristote, *Leçons de physique*.

J'ai tant aimé, dormir dans tes bras
Je n'écoutais que ta voix, c'est toi.
Était-ce un chant ?
Était-ce de lui, le vent ?
Ce n'était que tes larmes.
Alors, mon sommeil s'est mêlé à toi,
Et je t'aimerai le jour au-delà
Puisque tu appartiens à tous mes rêves du jour et de la nuit.
Et je conduirai tes larmes jusqu'à mon océan de vie :
Tu es l'interdit et le permis,
Tu es la fleur qui tombe du ciel,
Les yeux baignés d'un certain essentiel !
L'amour, la force et encore la Licorne puissante ;
Et pour elle, tous les jours je chante.

Alors, viens, viens petit enfant
Donne-moi encore un de tes instants,
Tu es de toutes mes vies le plus doux charme
Rassemble tes larmes.

La confiance

De toi à moi s'est baignée aux creux du silence
Elle me porte, elle me tend les bras
Elle sourit quand je la vois.
Ses yeux sont clairs comme deux soleils argentés
Son cœur est ouvert à tous les étrangers.
Elle tremble parfois sous le secret des confidences,
Et toujours s'appelle : *confiance.*
Je suis née devant la multitude de ton arbre de vie
Et parmi les fleurs tu m'as souri.
Alors, j'ai pu contempler
La Beauté
Non pas celle de Rimbaud et des poètes maudits
Ou des saturniens :
Juste la beauté de l'origine[10] infinie
Qui a existé un certain matin.

Si tu la vois,
Heureux tu seras
Si tu la perds
Grande sera ta misère.
La beauté c'est aussi ta main dans la lumière,

---

[10] Origine (du latin origo « *la source* ») est au premier abord (et ouvrira bien des portes ouvertes) le moment initial de l'apparition de la vie. Cependant il est préférable de distinguer l'origine du commencement. L'origine de l'humanité commence avec l'union d'Adam et Ève, mais le commencement réel avec la notion temporelle : la mort, commence avec le serpent.

Et tu cueilles à chaque instant les fruits
Que mon soleil a pour toi mené à vie !
Et la lumière tout autour de nous,
Bondissante comme un cheval fou
Dont l'unique horizon est pour moi,
De te couvrir de joie.

Pour la rencontrer il faut aller aux bois
Se poser et attendre son pas
Escortée de la licorne, tu verras
Le soleil briller de cent mille éclats
Petite sœur de la pureté, la confiance
C'est ce que tous nous cultivons.
Et reviennent les jardins d'enfance
Elle n'a pas de maître, pas de nom…
Libre et sauvage elle surgit quand ton âme doute
Et te trace le sillon de ta route.
Un sillon musical
Qui chante le libertinage des étoiles[11].
Juste elle te tend la vie
Comme on offre des roses
Elle chante et caresse les nuits
Comme on offre des roses

---

[11] Le sens premier du mot étoile est celui d'un point lumineux dans le ciel nocturne. C'est aussi le condensé de l'amour divin qui veille l'existence : *"Dieu appela la lumière Jour, et les ténèbres, il les appela Nuit. Il fut soir, il fut matin, _un jour."* Gn1.5

La licorne songe dans un pays de fleurs
Et dans son jardin inondent toutes les couleurs
En plus de celles de l'arc-en-ciel, celles de ton cœur
Plus bleues que la mer et le ciel
Plus blanches que la plus douce tourterelle.

Elle se promène, autour de toi
Mais tu ne la vois pas.
Je me promène dans sa clairière
Éprouvée par ton regard de roi solitaire ;
Si je viens, tu viendras ?
Si je pars, tu m'attendras ?
Comme toi le matin
J'ai tendu les mains...
Vers le ruisseau de ton éternité :
Tu détournes le styx[12], chaque été :
Pour éloigner de nous l'enfer et ses damnés.

J'ai tendu les mains...
Comme on offre des roses
Et comme une présence de satin
Elle cherche une belle prose

---

[12] Dans la mythologie grecque, Styx est une océanide (océanide : nymphes aquatiques parfois considérées comme les nymphes des fonds marins inaccessibles. Elles accompagnent leur mère Thétys, couronnées de fleurs) fille ainée d'Océan et de Thétys ou une déesse, fille d'Érèbe (les Ténèbres) et de Nyx (la Nuit.) Elle personnifie le Styx, l'un des fleuves et point de passage des enfers.

Mes mains ne cesseront de t'écrire
Pour apercevoir dans un nuage flou ton clair sourire
Pour te prendre et t'élancer dans la nuit
Il y a des images qui reviennent
Et des sourires qui s'enfuient
Il y a des larmes qui reviennent.

Mais tu viens dans ma nuit,
Comme un enfant, comme un ami
Et la peur s'envole loin
Loin, loin vers l'oiseau, vers demain.
Le jour qui se lève ruisselle d'espoir
Sur le rire des enfants qui courent vers toi
Et s'apaisent dans tes bras
Le soir.
Lorsque dans la chaleur de tes bras, tu berces l'amour
Souriant, tu verras leurs yeux refléter le jour.
Et tu béniras la vie

Comme le font les rois[13] du paradis.
Pour lequel le combat était quotidien
Des océans jusqu'aux fleurs de jasmin.
Les rois d'Israël connaissent et la guerre
Et la lumière.

La peur, ténèbre est enfuie
Et la lumière descend dans les bras de l'infini
Après l'enfance
Revient l'enfance …
Chacun des rois fut à leurs éventuels pas, aidés par Dieu.

Mais maintenant mes bras
Sont assez grands pour toi
Si je pouvais te retenir licorne de ma vie
Je vivrai à la fois jeunesse et envie
Vers d'immortels plaisirs
De l'instant où tu m'auras pris la main et confiant en notre avenir

---

[13] Saül Sha'ul (mort par suicide,) Ishboshet Ashba'al, David David ben Yeshay (mort naturelle,) Salomon Shelomoh ben David (mort naturelle,) Jeroboam Yerav'am ben Nevat (mort naturelle,) Nadab Nadav ben Yerav'am (assassiné,) Baasa (-900 - -877) Ba'asha ben Ahiyya (mort naturelle,) Éla (-877 - -876) 'Elah ben Ba'asha (assassiné,) Zimri (-876) (mort dans un incendie,) Omri (-876 - -869) (mort naturelle,) Achab (-874 - -853) Ah'av ben'Omri (mort naturelle,) Ochozias 'Ahazyahu ben 'Ah'av (mourut dans son lit,) Joram (-852 - -841) Yehoram ben'Ah'av (assassiné,) Yehu ben Nimshi (-841 - -814) (mort naturelle,) Joas (-798 - -792) (mort naturelle,) Jeroboam II (-782 - -753) Yerav'am ben Yeho'ash (mort naturelle,) Zacharie Zekharyah ben Yerav'am (assassiné,) Shallum Shallum ben Yavesh (assassiné,) Ménahem Menahem ben Gadi (mort naturelle,) Peqahya Peqahyah ben Menahem (assassiné,) Peqah Peqah ben Remalyahu (assassiné,) Osée (-732 - -722) Hoshe'a ben'Elah.

N'hésite pas ; oui l'amour est là.
Ce sera de ma vie le seul exploit :
T'apprivoiser
Et à nouveau danser.
Et l'arche[14] sera à nouveau transportée
Vers des terres de secret.

Non seulement d'aimer
Le temps se réconciliera avec l'éternité
Et la licorne s'endormira
Nue dans les bras,
De la vierge à la chevelure de feu
Convoitée par les seuls yeux
De la licorne royale au pelage merveilleux
De sa croupe à son encolure la blancheur immaculée
Protège le corps de la vierge endormie à ses pieds.

Des secrets,
Oui c'est tout ce que tu es
Des chuchotements dans le soir
Des pardons et des histoires

---

[14] De la sortie d'Égypte, jusqu'à l'entrée des israélites dans le pays de Canaan, l'arche est portée par les lévites (cette tribu relève du patriarcat de Lévi qui est le troisième fils de Jacob. Sa mère se nomme Léah, fille de Laban) qui marchent à trois journées devant les autres tribus. Le roi David va chercher l'arche d'alliance à Qiriath-Yérail, elle est enfin conduite à Jérusalem par le roi David : *"David et tout Israël dansaient, devant Dieu, de toute leur force, en s'accompagnant de chants, de harpes, de luths, de tambourins, de cymbales et de trompettes."* 1Ch, 13.8

Je peux te lire dans le ciel,
Lorsque les anges tremblent pleins d'étincelles.
Et doucement je plane de roses à roses[15]
Alors j'accepte qu'en moi la vie implose
Et je découvre le trouble parfait de nos énergies communiées
Je te devine dans la lueur nouvellement invitée.
Et moi aussi je t'attends
Et la vie bleue s'étend
Parce que tu chantes dans les nuits
Parce que tu pleures aux trésors enfouis.

Les diamants n'ont pas de nom,
Il n'y a que la pluie
La première fois claire le son
D'une solitude infinie
Transparents du vent du jour

---

[15] Appréciée pour sa beauté et sa senteur, célébrée depuis l'antiquité par de nombreux poètes et écrivains ainsi que des peintres pour ses couleurs qui vont du blanc pur au pourpre foncé en passant par le jaune et toutes les nuances intermédiaires, et pour son parfum ; elle est devenue la *"reine des fleurs"* dans le monde occidental, présente dans presque tous les jardins et presque tous les bouquets. L'existence des roses remonte bien avant l'antiquité, preuve en est les fossiles retrouvés dans l'ouest américain et datés de plus de 40 millions d'années.

Galopants sur l'échiquier[16] flanqué à ses extrêmes de deux tours.

Je vis pour sauver mon roi
J'ai besoin de toi,
Et je crois chaque jour,
Et je crois
Chaque jour.
Tu es venu durant mon premier rêve[17], il y a longtemps …
Au premier vent,
Sur la tendresse infinie de ton océan.

Tu caressais ma tendresse,
Et pourtant j'ai pleuré,
Je pense sans cesse
À notre tout premier

---

[16] L'échiquier est le plateau du jeu d'échecs. Différentes légendes sont à son origine. L'une d'entre elles raconte l'histoire d'un roi légendaire des Indes qui luttait contre l'ennui. Il promit donc une récompense exceptionnelle à qui lui proposerait une distraction qui le satisferait. Lorsque le sage Sissa, lui présenta le jeu d'échecs, le souverain enthousiaste, demanda quelle récompense il voulait. Sissa demanda au prince de déposer un grain de riz sur la première case, deux sur la deuxième, quatre sur la troisième et ainsi de suite. Une autre légende, datant du moyen-âge place l'invention du jeu durant la guerre de Troie. Palamède aurait inventé le jeu pour remonter le moral des troupes. Une légende latine : Euphron, frère de Vénus et dieu des sports aurait créé les échecs pour aider Mars à séduire la belle Caissa. Cette dernière est parfois considérée comme la déesse des échecs. Il existe des échecs circulaires, des échecs cubiques, des échecs hexagonaux (dits de Glinski,) les échecs forteresses.

[17] Le rêve est une disposition de l'esprit généralement nocturne, survenant au cours du sommeil. Moyen de s'affranchir du temps et de l'espace ordinaire(s), pour accéder au surnaturel, aux ancêtres, au divin, ou encore comme un moyen de guérison, de connaissance et de révélation.

Baiser…
Je t'ai bu, confiance
Au diapason de la mélodie argentée
Tes mains dans l'espoir… silence
Tu peuples mes nuits,
Tu agrandis l'espace de ma vie
Et tu es l'homme chéri,
Entre tous,
Parce que tes mains, ta voix sont douces.
Et qu'en toi se retrouvent toutes mes rivières
Et le temps acceptera l'espoir de mon unique prière :
T'aimer pour l'éternité.
Pour tout recommencer
Dans la forteresse de tes bras enlacés.

Tu deviens instant après instant mon toit, ma maison
Et ma joie rejoint celle des oiseaux de tous les horizons.
L'espace entier devient chants
Et je cherche ton souffle dans tous les vents
Du matin jusqu'au soir
Le zéphir repose dans ton regard noir
Plus puissant que tous les guerriers …
Je suis à jamais à toi liée
Dans les rubans érotiques de tous mes désirs
Qui montent de toi, jusqu'à mon avenir.
Tu es le seul homme qui ne fasse pas peur

Avec ton matin, viennent les dernières lueurs
Qui éclairent tous mes moments
Et doux et délicat devient le temps.

Tu sauras un jour le bleu et le feu de ces nuits,
Où je n'attendais que toi,
Et pourtant tu ne venais pas
Il a fait de plus en plus nuit !
Qu'est ce que l'espoir d'une femme ?
Dans le creux des reins de l'homme :
Des secondes scintillantes dans les flammes
La dernière merveille qui plane comme :
Ton sourire sur mon visage,
Tes mains fleuries sur mon paysage …
Pardon aux feux,
Aux matins silencieux !
Pardon à ton départ
À ton adieu dans le noir.
Dans tes bras, le temps ne sera jamais en retard,
Et je serai toujours confondue dans ton regard.
Il flotte sur la mélopée de mon cœur amoureux
Pour s'envoler à nouveau au doux brasier de tes yeux.

Et ma douleur avait dix sept ans
Pardon d'avoir pris du temps,
Et puis te voilà

Sublime, gai, te voilà !!

La vie qui revient avec toi.

### La douceur

Se décline sur toutes les couleurs.
C'est d'abord un sourire
Au creux de la pluie
Aux abandons des rires,
Aux chemins qui s'enfuient

Trace lumière
Où pars-tu ?
La douceur c'est comme la première
Fois, où je t'ai vu.

Pour garder cette douceur
Je te porte la fleur
Du silence…
Le vent d'Ashem danse

Il promet la pluie le vent le feu
Et l'éveil
Pour rester à deux
Et faire des merveilles.

Ma douceur est ta fenêtre,
Ta douceur est tout mon être,
Tu vibres dans le fond de mes rêves
Tu vis les cristaux et s'achèvent

Avec eux les ténèbres : clarté,
La douceur te reconnaît
C'est comme cet oiseau
Qui un jour vola loin du bateau

Au-delà des écumes et des flots
Le bel oiseau chanta jusqu'au soleil
C'était beau comme la merveille
Promesse d'un prochain repos.

Et je te promets, la proche douceur
Ensemble, nous choisirons cette fleur,
Qui de la nuit au silence
Amène le matin de bonne heure.

*La nuit*
Nous a à nouveau unis
Je l'ai choisie ce matin pour lui répondre, car bleue
Bleue, cette nuit où j'étais deux ;
Et dans ces yeux bleus, l'amour chantait
Alors j'ai laissé le matin arriver.

Car c'était de l'amour
Comme ce soleil dans cette rue de provence
Et dans la clarté du jour,
La couleur semblait entrer en transes,

Entre, entre, beau soleil
Et revient vers ta merveille :
Cette lumière…
Et pourtant la nuit : oui la prière ;

Les chants sont plus forts la nuit,
Les mots attendent à l'orée de tes lèvres,
Parle-moi, dis-moi la source de ta vie.
Et reviens au sable de mes lèvres ;

Je lui préfère le silence,
Je lui préfère la nuit
Car tes secrets frémissent aux stances
Des bondissements du cheval gris ;

Licorne, licorne tu es parti,
Licorne, licorne, dans quelle nuit ?
Quel est le chemin ?
Quel est le matin ?

C'est pour cela que j'ai choisi la nuit,
Pour cacher mes larmes,
Mais je suis son amie
Et je succombe au charme

Incroyable de ses instants de joie,
Son sourire est noble et doux
Comme un feu qui donne à l'éclat
De mon feu, le jour des fous.

Et cette nuit,
Les mots seront dits
Alors que le mot devienne vent
Pour mieux caresser tes mains d'enfant.

Alors je te raconterai mes nuits…
Juste pour que tu me souris.

## La perfection

Est plus insolite que le frisson.
La perfection chante dans un dialecte inconnu
Inconnu à notre monde.
Alors ? Pourquoi les enfants font la ronde ?
Et pourquoi les fleurs sont-elles toujours nues ?

Dis-moi toi là, assis aux marches du ciel,
Est-ce que tu peux me prendre dans tes ailes ?
J'ai tellement besoin de voler parmi l'éther.
Tout a commencé avec la lumière…
*"[…] Que la lumière soit ! Et la lumière fut."*[iii]

C'est alors que je t'ai vu.
Tu sais un petit matin, on a dit : vérité
Mais elle n'a pas répondu
On a dit : amour et charité
Mais ils n'ont pas répondu

Alors ? Où es-tu perfection[18]?
Ni les enfants, ni les fleurs ...
Donne-moi juste une chanson
Ou des enfants ou des fleurs.

Et puis alors ce sera juste ma perfection,
La terre résonne de lumière à l'unisson,
Pour faire comme les oiseaux,
Pour nous faire des cadeaux.

Et puis, les océans
Et puis il y eut la perfection
Un amour d'elle pour Adam,
Et puis il y eut les saisons,

Le temps et la mort.
Bien au-delà encore,
Il y a toi, et tes ailes
Et peut-être serais-je belle ?

---

[18] Le mot "perfection" vient du latin perficio, dans lequel –ficio est la forme du verbe facio, facere : faire. Le préfixe per- traduit l'idée d'une action menée "jusqu'au bout." Parfait signifie donc ce qui est fait jusqu'au bout totalement. Selon Thomas d'Aquin, seul Dieu est absolument parfait dans l'ordre de toutes choses. La perfection attribuée à Dieu a été utilisée pour démontrer comme un argument de son existence, l'argument ontologique. La perfection désigne aussi l'état d'accomplissement moral et spirituel auquel l'être humain serait destiné : un état de liberté total et de félicité absolue auquel l'homme ne pourrait accéder que par un travail constant sur sa pensée, ses paroles et ses comportements. Dans la voie des Bodhisattva, il existe dix pāramitā, perfections ou vertus dans lesquelles s'exercer.

Dans le melon pourpre qui goûte le miel
Dans l'éclat,
Si délicat,
Vermeil, merveille, sel

De la mer ni bleue ni claire
J'attends et je vais vers…
L'horizon
Ma perfection.

Alors tu vois, elle est bleue
Ou elle s'achève
Dans un rêve
Que je trouve merveilleux.

Parce que c'est toi.
Ma branche de lilas
Le soleil des rois,
Ton rire aux éclats.

Aux éclats du feu…
Aux éclats d'océan
Il y a d'abord le bleu
Puis bien sur le vent,

The answer my friend is blowing in the wind…

## L'amitié

(Ou toujours se donner)
C'est d'abord pour te dire merci
De comprendre sans le dire
C'est parce que c'est aussi la vie,
De comprendre sans le dire

Tous les silences de nos sourires
Tous les sourires de nos silences
Nous amènent aux joies du rire,
Qui fusent comme autant de chance

Tu es venue,
Je suis venue.
La présence est devenue réelle,
Et j'ai su retrouver la ruelle

L'amitié c'est ton regard inquiet et clément
L'amitié est devenue un cadeau permanent
Et j'ai choisi d'être ton amie
Parce que tu m'as sourie

Alors, merci au soleil et aux vents
Qui t'ont porté jusqu'à mes printemps,
Un soleil, une lumière
Réponse aux prières.

La clarté a empli l'espace
Le temps se fait moins cruel,
Chaleur d'une vie avec les traces
De nos rencontres si belles

Là où le silence ne peut atteindre nos cœurs,
Qui se parlent du langage rare,
De l'amitié, du bonheur
Comme un rendez vous jamais trop tard.
C'est ton cœur que j'entends rire ou gronder
Alors, ce sont les mots que je sais :
Les mots qui soignent et délivrent
J'ai attendu de chasser tous les livres

Pour trouver le tien,
Celui qui parle de ton bonheur, et du courage
D'en tourner les pages,
Que la paix soit dans tes mains.

Notre amitié est certainement
Une petite lueur dans la nuit
Qui chasse les douleurs du temps
Une petite lueur pour la vie.

Amie, tu m'apportes le soleil
Et délivre les merveilles
Le feu et l'eau

Envahissent tous les flots,

Et, moi j'ai construit pour toi, ce voilier
Ni bleu ni blanc,
Un voilier pas trop grand
Juste pour t'emmener

Au pays de ton destin
Où j'irai près de toi, sur mon chemin
Discrète à l'écoute de tes larmes
Qui choisissent l'arme…

Du désespoir,
Mais je suis là
Et t'offre mon espoir,
Pour le voilier du soir ;

Et je sais que ta bonne étoile sera là…

Le philosophe,

Marche et t'aposthrophe
Sens-tu le matin s'approcher au bord de tes rêves
Qui grandissent le long de ta sève.
Cette ombre qui s'amuse dans le silence de ta nuit
Elle respire le parfum âcre et suave.
Le philosophe s'inspire de ton sourire sur le visage
De tes espoirs avec lesquels tu ris
C'est comme à midi
Quand les oiseaux s'approchent empourprés
Bleus, bleus, comme des rochers.
Le soleil peut alors jaillir
Et toutes tes larmes laisser mourir
Cette sensation d'aurore dans tes mains nocturnes,
Ce jeu sombre et taciturne
Ressent la douleur et la joie
Parfumée par l'odorante loi
De tes plus tristes rires et de tes plus beaux sourires
Mais c'est déjà l'heure de partir
Dans le vent avec les airs
Où flotte la lumière.
Tu sens le souffle d'une présence lointaine
Une robe au bord d'une colline
Que tu aperçois en buvant à la fontaine.
Tout près du ciel s'agite une marine
Et la flamme dans le creux de l'horizon

Et sur son coup près de l'eau qui glisse sur son blouson
Avec cette femme, il tient le soleil levé
Les nuages du Spleen[19] oublié.
C'est comme une fleur dans le printemps
À la rosée chaude du soleil levant,
À l'est de ce pôle vivent l'automne et l'hiver,
La nuit et le jour se mêlent en éclipses lunaires
On sent les dunes de sable et le vent spatial
Dans sa tête les nuits sont tristes et l'amour puissant
Mais il souffre d'une ombre qui chante avec les cigales
Il est le temps venu au temps
De chanter la longue lumière qui prête les songes
Où s'envolent par milliers des tentes de bronze.
Chaque mage descendait du ciel comme de l'orage
Enfin la pluie jaillit d'un arc-en-ciel en images.
C'est le vent et la lumière qui ont fait l'amour
Et le soleil, et la pluie, et les arbres vivent toujours
En laissant tomber la pluie sur les flancs dorés
Des arbres enchantés dans l'eau des lacs salés
Cette eau est si belle qu'on y plonge en fond et en surface
Que la magnifique y grésille sans laisser de traces

---

[19] État affectif, plus ou moins durable, de mélancolie sans cause apparente et pouvant aller de l'ennui de la tristesse vague au dégoût de l'existence. Le Spleen de Baudelaire éveille le désir d'atteindre l'idéal par d'ineffables correspondances. Le Spleen exprime un état d'asthénie moral qu'expliquent : l'angoisse du temps qui passe, la solitude, la nostalgie, le sentiment d'impuissance, la culkpabilité, l'ennui, la mélancolie d'un amour déchu. Baudelaire a écrit quatre Spleen, dans son ouvrage *"Les fleurs du mal"* publié le 25 juin 1857 : Spleen LXXV, LXXVI, LXXVII, LXXVIII.

Tous les enfants ont connu la passion du feu et de l'eau
Avant même qu'ils ne prononcent les premiers mots.
Lui connaît cette femme qui l'emmena danser
Par un beau, tendre et superbe été
Où la passion fut tendre et même bleutée
Où ce ciel ne ressemblait ni au jour ni à la nuit
Alors il lui sourit
À la vie.

Le secret,

C'est tout ce que j'ai appris, à force de te parler.
Le secret n'a pas de nom,
Juste, il tremble devant l'horizon
À cause de la mer qui se jette dans l'infini
Juste il tremble devant la vie.

Le secret n'a pas de nom,
Mais répond à toutes les questions
Il aime se cacher parmi les fleurs
Qu'on offre au défi du bonheur.

Et, il s'appelle *secret*
Et, il appelle le silence
Et, il rappelle les tous premiers
Et, interpelle la parole de l'enfance.

Il te dit, et te protège
Il s'endort avec ton sommeil
Il sait où va le cortège
Jaune sombre et fou des abeilles.

Son secret, …
C'est de t'aimer…
Au-delà des questions
Tout près de l'horizon.
Son secret…

C'est de t'aimer
Au-delà de l'infini
Tout près de la vie.

Son secret…
C'est de t'aimer
Au-delà des fleurs
Tout près du bonheur

Le secret n'a pas peur
Sûr de ses colonnes,
Il devient le temple
De tous les orages et étonne ;
De la pluie, la douceur
Assise et contemple
Le socle brûlant des heures
Dans ton chant, de l'amour le seul exemple.

Les premiers silences de demain
Ce soir, je sais
Mais je ne dirai rien
C'est le secret.

Et toi, quel est ton secret ?
Est-il bleu et profond ?
Est-il vif et nuancé ?
Est-il tendre et fécond ?

Reviendra-t-il du pays du silence ?
Ce secret, profond
Ce secret ce ballon
Perdu un soir d'enfance...

Cet amour perdu... au secret de mes dix sept ans
Attends moi et revient dormir près du secret presque blanc
Transparent comme tes yeux si grands
Oui, tes yeux n'ont pas de secret violent

Si doux, tu me parles, de ces secrets jamais révélés
Et je te réponds comme je t'ai toujours aimé.
Et je te réponds, parce que j'aime ce secret
Tendre, profond, comme toi, belle éternité.

Alors les fleurs dans leurs chants,
Chanteront
Dans le jardin blanc
Du dernier horizon.

À chacun son secret,
Je te donne le mien, en premier
Parce que j'ai de l'Amour
Parce que je connais ce jour

Où ni bleu, ni pur
N'atteindront les cimes du mur

Où j'ai su cacher nos secrets
Discours et vérité,

Tu choisis ton langage…
Sans peur, sans mystère, sans nuages…
J'écouterai ton secret et je deviendrai
De tes silences, l'unique coffret

Où tu glisseras les couleurs des mots
Et cet amour qui ne porte aucun nom
Rejoint bien vite au fluide des eaux
La mer à l'unique horizon…

Du mystère de toute création.

### Matitia dis moi où tu m'emmènes

Toi, qui voulut faire de moi une sirène[20].
Le soleil qui danse
Dans tes bras
Me fait concurrence
Que tes yeux me regardent juste là
Où le point d'amour paraît
Tu es toute la vie, l'été.

Le firmament des étoiles
Ne fait concurrence à tes yeux
Qui brillent d'un regard sans mal
Et tu chantes et tu danses dans le feu

---

[20] Sirène du grec seirén, en latin siren. Il ne faut pas confondre la sirène du folklore nord-européen (issu du flklore médiéval et scandinave,) et la sirène de la mythologie grecque, mi-femme, mi-oiseau, mi-femme, mi-poisson. Ces créatures marines ont en commun l'envoûtement des marins. Il se peut que l'origine des sirènes se trouve dans les récits des navigateurs, qui les confondaient avec des animaux marins rares, comme les lamantins ou les dugongs. Il semble probable que Christophe Colomb ait pris des mammifères marins de ce type pour des sirènes (ondines, nixes, dragas, donas, d'alga, dames d'eau.) Selon certains récits, elles sont immortelles (et toujours jeunes.) Les deux premiers siècles de leur vie elles s'amusent et découvrent l'océan, mais ensuite elles se sentent seules et veulent aimer et se faire aimer par un humain.

Je t'en prie, Verlaine[21] disait *"De la musique avant toute chose[22]"*
Pour toi et c'est de l'amour avant toute chose.

Laisse-moi être bercée dans tes bras
Laisse-moi doucement être femme.
Je suis née sur la lumière dans l'éclat
Du premier sourire, de la première flamme.

J'ai grandi dans un tourbillon
Pourtant y résonnait ton prénom
Matitia, Matitia
J'ai tellement peur sans toi.

Il n'y a que la nuit pour me parler doucement
Mais le son de ta voix monte en moi
Redonne confiance, courage, amant ?
Veux-tu être à la fois, père, confident…

Et médecin, tu peux me soigner
Avec beaucoup d'amour

---

[21] Verlaine fonde un impressionnisme poétique, qui réunit le son, le rythme, le mot et le sens dans l'unité et la présence même du poème. C'est pourquoi le poème verlainien est si souvent instantané, avec sa durée intérieure ramassée dans le cycle musical des assonances et des échos, des images correspondantes et des rythmes analogiques. Il associe la beauté musicale à l'alchimie de la nuance.

[22] Art poétique, de Paul Verlaine (composé en 1874) : De la musique avant toute chose, / Et pour cela préfère l'Impair / Plus vague et plus soluble dans l'air / Sans rien en lui qui pèse ou qui pose…

Ensemble respectons la vie et l'éternité
Avec beaucoup d'amour

Médecin chasse les peurs,
Et prodigue la douceur
D'une nuit, qui sera peut-être
Celle qui fera naître

Ta lumière quand tu me regardes
Ta voix quand tu me parles
Félin, prédateur, prends garde
Les mots qui me parlent.

Sont le sang de l'amour,
Et je veux vivre.
Je veux inonder d'amour
Et je veux au-delà ; d'eux, vivre

Je veux vivre
Pour te voir vivre
Je veux chanter
Je veux te parler.

Que tes mains soient sages et douces
Et que le médecin chasse mes nuits noires
Que ta bouche soit sage et douces
Et que le père me raconte des histoires ;

Booz, où ira notre amour ?
Blotti sur la plage ou protégé dans une tour.

N'oublie jamais le bleu de la mer
Laisse-moi t'offrir les fruits de la terre
En terre sacrée
J'ai vu tes cheveux argentés

Et j'ai vu les vallées de ta solitude
Et j'ai eu mal
Et je me suis sentie nue dans ce carnaval
En prenant ta main, nous irons dans l'autre versant de ta solitude

La montagne à deux
C'est comme l'océan juste pour nous deux
Mais cet océan est si vaste….
Matitia, dis-moi où tu m'emmènes
Souverain d'une secrète caste,
Qui abolit la haine.

Il s'agit de ma vie
Je n'ai qu'un souffle
La quête de l'amour
Alors, protège ma vie
Et garde ton souffle
Pour embrasser l'amour.

Matitia, dis-moi où tu m'emmènes.
Moi, je sais où je t'emmène :
De longues balades main dans la main
Dans un lieu où personne n'a le regard hautain…

Juste toi et moi
C'est étrange, c'est comme l'impression de te connaître d'emblée
J'ai presque tout senti de toi
Ta douleur accompagne ta soif d'avancer.

Si je suis ta fontaine,
Laisseras-tu son eau pure ?
Pas de sang, pas de larmes
Ignorant la haine
Défiant les anges[23] du charme
Dans le monde de la nature.

Je veux danser autour de toi
Je veux chanter pour toi
Et j'écris pour toi
J'écris pour te le redire :
Quel sens donnes-tu à mon avenir ?
Un lac infiniment bleu

---

[23] Un ange est une créature céleste dans de nombreuses traditions, notamment dans les trois religions abrahamiques et dans l'Avesta (ensemble des textes sacrés de la religion mazdéenne et forme le livre sacré, le code sacerdotal des zoroastriens.) Ce terme désigne un envoyé de Dieu, c'est-à-dire un intermédiaire entre Dieu et les hommes. Parfois, il transmet un message divin parfois.

Et des jours si heureux.

Matitia où m'emmènes-tu ?
J'ai connu les pires prédateurs
Ce sont eux qui m'ont appris la peur
J'ai connu les plus beaux félins, j'étais nue
Sous leur gueule de loup…
Et toi tu es arrivé si beau, si patient, si doux.

Mais je sais que ton rire chassera toutes ces petites histoires
La plus belle histoire, c'est toujours et maintenant
Qu'il fasse noir
Qu'il y ait du vent

Matitia, dis où m'emmènes-tu
Et répondras-tu
À la question…
J'ai besoin de certitude
Besoin de partager les questions
Les certitudes,
Avec toi, près de toi, pour toi.

Tu le sais toi où courent les biches et les licornes sans peur
Es-tu un chasseur ?

Et de tes crocs, ma chair sera-t-elle imprégnée ?
Si mon sang coule, je meurs.

J'attends tes bras en rêvant la nuit, puis la journée.

Accompagne-moi un peu
Apprends-moi, les beautés du monde
Je t'attends derrière le feu
Pour faire la ronde
Du soleil et de la nuit
Pour enfin t'aimer toute la vie.

Un peu de vent,
Un peu de feu,
Un peu de toi
Un peu de temps
Soyons heureux
Un peu de moi.

Soyons heureux
Puisqu'entre nous tout se passe par les yeux.
Peut-être te délivrerai-je mes secrets ?
Mon plus beau secret, c'est mon père
Ma plus grande douleur c'était hier
Mais mon père s'en est allé …

Donne-moi de ton feu Booz
Pour moins souffrir, faut-il enfin que j'ose ?
Et laisse-moi t'apporter
Nuit et jour mêlés

La magie, des secrets, de la lumière,
Des paroles toutes particulières
Et en vérité, beaucoup d'amour.
Jour par jour.

### Le voyage

N'existe pas que pour les enfants sages
C'est ton nom que j'appelle au bout de la jetée
Je te regarde depuis toute éternité,
Ce sont tes yeux que je cherche au loin
Et cherche encore au matin.

Tu m'as dit viens et je suis venue,
Alors la lune éclaira ce silence
D'un verbe qui voulait une chance,
Une prière de plus.

Si tu pars au bout de ton voyage
Je te ramènerai le long des présages[24]
De la quête du bonheur
De la balade du cœur

Le voyage, c'est ton départ un matin,
Et puis ton absence.
Alors, je tendrai les mains
Pour éloigner l'errance

Celle de mon cœur,

---

[24] Du latin præsagium est un signe dont l'interprétation est supposée prédire l'avenir. Par métonymie, un présage est aussi la prévision même que l'on voit dans ce signe. Cette manifestation peut être en lien avec une entité surnaturelle et orienter l'individu vers les actions qu'il doit réaliser.

Celle de ta peur.
Tu diras : Viens et je viendrai
Et je te rejoindrai

Au fin fond des étoiles bleu et or
Qui illuminent tellement de nuits
Je regarderai ton départ encore
Après le rêve, après la vie.

Mais où vas-tu ?
Quel est le pays de ton départ ?
Mais où vas-tu ?
Oui, il se fait tard.

À ta liberté, je poserai ma peur,
À toutes mes nuits, je poserai les fleurs
Et je reverrai tes yeux
Car aucun oubli ne veut.

Et cette nuit, et ces étoiles
T'attendent, vont danser au bal
Des papillons et des enfants
Alors je chanterai ma joie aux portes d'antan.

Il y aura à nouveau ce matin, ton matin et notre matin,
Le mien ne sera que pour tes mains.
Mon visage t'appelle encore,

Et je te cherche encore

Ton matin sera lumière
Et je te donnerai l'espoir[25] de toutes tes chansons
Les mots je les ai dits dans le vent clair
Mes rêves seront…

Le feu de ton départ
Réunit toutes les sources de mon âme
Et j'emporte les flammes
Des couleurs de ce beau soir

Où tu t'es couché dans mes bras,
Comme un enfant,
Où tu as pleuré dans mes bras,
Comme un enfant…
Où nous avons chanté dans nos bras,

Et ces louanges ont atteint des cimes
Et tu prononces mon rêve
Parce que le voyage est la rime
De ce retour qui achève

---

[25] « *Tant qu'il y a de la vie, il y a de l'espoir* », ou « *l'espoir fait vivre.* » René Descartes (31 mars 1956-11 février 1650) considère l'espérance comme une passion (*Les Passions de l'âme.*) Descartes affirme que l'espérance dérive du désir. Au XXème siècle, le philosophe allemand Ernst Bloch consacre à l'espoir un ouvrage intitulé *Le principe espérance*. Il y étudie conjointement les notions d'espoir et d'utopie.

Les premières nuits
Les prochaines nuits
Ce sera le bleu
Et ce sera le feu.

Au bout de la nuit,
Je rêverai de tes pas
Qui sonnent au parvis,
Du retour de la joie.

Et tu seras là, et
C'est promis, je chanterai.
Parce que le feu éteindra tous les pleurs
Cette passion, cet immense bonheur,

Que de se sentir vivant.
Vivre est le seul voyage que je fais avec toi,
Parce que tu soupires au vent
Et que les fleurs te répondent au doux son de ta voix.

Et merci à la lueur au bout du quai
Et merci à l'éclair au fond de tes yeux
Tu étais là où je serai
Et le chant confondra tous les bleus

Du monde
De la ronde

De ce petit enfant
Qui est là et qui attend.

Comme moi, mon amour je t'attends
Reviens de ton voyage
Pour souffler au bout le feu du temps
Le feu de ton visage.

Et je te dirai tous les mots
Qui n'ont jamais été entendus
Ma parole restera pour toi, nue
Et tu murmureras à ton tour
Les paroles douces, tes mots.

Celles que je cherche au long de mes jours
Tu es pour moi l'avion du ciel
Et le bateau des mers d'amour
Tu es le vent qui constelle

Et si on retrouvait l'étoile…
Juste sous nos voiles.

*Les mots du rêve,*

Pour toi, jamais ne s'achèvent.
Ils ont les mots bleus
Et des caresses au fond des yeux.
Et ils m'appellent, comme une enfant,
Et qui pourtant n'est plus qu'une enfant.

Ils disent les mots qui portent loin devant la nuit
Et du premier abandon,
La grande première peur de la vie,
Et eux pour elle disent non :

Plus de nuits qui crient,
Plus d'abandon dans la même vie,
Plus de peur de n'être qu'un
À chaque nouveau matin
Plus de deux mains, seules lovées dans la douceur de tes mots.

Et demain, les mots chanteront à nouveau
Tous leurs mots
Et je les écouterai
Comme toi, les ruisseaux d'été.

Ils chantent l'amour toute la journée,
Ils protègent et caressent tous mes tourments,
Alors, je trouve la petite clé
Et, je leur tends mes mains d'enfant…

Mais aussi, un cœur tremblant,
Une maison bleue
Mais aussi mes frissons du vent,
Des nuits et des jours heureux

Alors vos mots, mes Amours,
Seront comme le matin
Du lendemain,
Toujours.

*Lui*

Ce fut une certaine vie …
Tu es parti, comme le feu quitte les neiges
Et l'écume de glace s'est figée en mon cœur
Nul combat, nul piège
Rien que tes mots et grandit ma peur

C'était la nuit et le jour d'une nuit
C'était le jour et la nuit d'un jour
Tu as pris le vent dans tes bras et tu es parti,
Tu as pris les foudres et l'amour

Tes mots
Le souvenir[26] de ta peau
Le feu, la fin et le vent, demain
Et ta bouche et tes mains.

J'irai chercher les fruits de l'éclat
J'irai danser au matin des rois
Et le voilier tanguera sur ton souvenir

---

[26] Un souvenir : élément de mémoire individuelle, tu restes inoubliable ; un objet acheté, rapporté ou conservé pour se souvenir de quelque chose ou de quelqu'un ; texte autobiographique raconté sous forme de notes, du journal ou récit, le passé de l'auteur ; un hommage rendu lors d'une expérience collective.

Te rappeler la première prison, c'est se laisser mourir[27]
Et si les fenêtres étaient restées ouvertes
La lumière bleue serait devenue verte
Et si tu avais trouvé le repos
Tu aurais compris mes mots…

Je te chercherai encore

---

[27] Paul Michel Foucault (15 octobre 1926-25 ou 26 juin 1984,) critique les institutions sociales comme la psychiatrie, la médecine, le système carcéral ; et pour ses idées et développements sur l'histoire de la sexualité, ses théories générales concernent le pouvoir et les relations complexes entre pouvoir et connaissance.

### Le courage

Est pour nous le tout premier rivage
Le courage c'est quand il pleut et qu'il fait gris
Et que ton soleil rayonne au bout de la nuit.
C'est comme un matin, qui appelle ta joie
C'est comme un enfant qui apprend les lois.

Mais le courage…
C'est aussi aller au-delà des mirages,
Au-delà de toi
Au-delà de moi

J'en appelle à tes yeux, à ton cœur
Et répondre à la solitude
J'en appelle à tes yeux et nos fleurs,
Et répondre à la solitude.

Le matin chante pour le pauvre qui gémit
Et notre amour devient sa quête dans la nuit
C'est comme quand tu prends mes yeux,
C'est comme quand il devient heureux ;

Oui, je sais que tu existes
Bonheur, joie, tendresse
Je t'embrasse quand tu es triste
Pour que rêve notre jeunesse.

Je pose mes mains sur l'arbre
Je laisse glisser mes cheveux sur le marbre,
Et l'écorce devient fertile,
Et le cruel devient docile.

Je prends ton mal, et ta nuit,
Parce que tu me souris.
Parce que mes ailes
Sont encore plus belles
Lorsqu'elles s'étendent sur la mer
Le courage, c'est toi et la lumière.

Ta lueur appelle les anges
Et les mots[28] alors, et seulement alors
Deviennent à la fois bleu et or,
Il n'y a plus rien d'étrange.

Ces bras tendus, cette bouche offerte,
Seront mes derniers appels,
Ces bras tendus, cette bouche offerte
Parce qu'un jour je fus belle…

Et le courage c'est d'en garder un secret,
Un secret à la fois fou et ensoleillé
Dont le soleil te parle encore

_____

[28] Le poète est avant tout à la recherche d'un langage.

Et le courage… devient aurore ;

Et de soleil en soleil
C'est la merveille,
Du galop, des éclairs
Du creux de la clairière ;

Le courage tend les mains au poète égaré
Le courage tend les mains aux solitaires exilés
Aux souffrances du corps et de l'esprit
Résonne le cri du lion dans la nuit.

C'est une main qui devient mienne,
Ma lumière qui devient tienne…
Ce voilier ni bleu ni blanc
Ce cadeau, cet enfant[29]…

Et …l'amour plus fort
Le courage de vivre encore…
Comme toi,
Comme moi.

Le courage c'est partir…
Et revenir…

---

[29] L'organisation mondiale de la santé définit l'enfance comme la période de la vie humaine allant de la naissance à dix huit ans.

J'aime cette lueur
Et je la protège

Le courage c'est braver tous les vents et ma peur,
Et le sourire et mes étoiles deviennent le cortège…

Inlassable, …berceau de ton courage
Prendre la nuit comme un feu
Force devienne mon courage,
Je prends le chemin de tes yeux

Et j'ouvre le livre de l'espoir
Le courage de lire même le soir
Lorsque les mots deviennent sauvages
Lorsque les mots deviennent courage.

### Parce que le vent

Est le plus beau jouet du temps
J'attends d'aimer pour la vie,
Mais c'est à toi que j'écris
Ô éphémère !
J'attends d'être à lui,
Mais c'est à toi que j'écris
Pour voir la mer.

Le temps ne se pose plus,
Car j'aime définitivement
Sans nom, et de plus en plus
Tu es comme le vent.

Tu es là pour la vie
Des horizons et cherche l'infini,
Tu cherches l'infini,
Et je n'ai que ma vie.

Que deviennent mes rires ?
Sans toi,
Pourquoi toujours partir,
Et attendre de revenir ?
Sous la belle dictature de tes doigts.

Le temps dévore,

Le temps[30] est un titan
Et du haut de la vague explore le mouvement
Qui peut lutter, et attendre un peu encore…

Le temps est rose et bleu,
Juste regarde le,
Juste regarde-moi…
Pour te découvrir roi.

Notre temps
N'est qu'à nous,
Mais si tu attends
Souviens-toi, les fous…
Et le vent.

Protège-moi
De cet immense froid
Et pardonne,
Ce nouveau printemps qui frissonne…

La vie, dans le silence

---

[30] Le questionnement s'est porté sur sa "nature intime," propriété fondamentale de l'univers ou plus simplement produit de l'observation intellectuelle et de la perception humaine. Selon la théorie de la relativité, le temps est relatif (il dépend de l'observateur, avec quelques contraintes) et l'espace et le temps sont intimement liés, au point de se permuter partiellement l'un et l'autre dans plusieurs cas. Les Grecs, contrairement aux hébreux étaient étrangers à l'idée de création. Chronos, Khrónos est un dieu primordial personnifiant le temps et la destinée.

Est le pire des déserts,
Et cette patience…
Appelle l'unique prière
De pouvoir,
S'asseoir,
Et regarder le soleil sur la mer,
Et embrasser le matin de tes nuits
Embrasser le soir de tes jours
Et aimer l'amour…

Le vent souffle dans mes cheveux,
Et les vagues prennent un son furieux,
Le vent lutte contre toi,
Et les vagues appellent tes bras.
Tu entoures mes cheveux de tes bras,
Et cet immense flot d'argile
S'enroule, souple et gracile.

Parce que le vent
A choisi,
De tisser ma vie.
Arrête le temps,
Et devient vrai,
Toi qui rêves l'éternité.

Rappelle-toi, le temps ne peut rien contre aimer
N'oublie pas les souffles de ces nuits d'été…

Laisse-moi me glisser dans le vent
Et venir jusqu'à toi,
Guerrier, soleil et enfant,
Et venir jusqu'à toi…

Te battre, éclairer et venir,
Offrir la grâce de tes sourires.
Viens,
Si possible avec le matin,
Si possible, tu viendras demain.
Si possible, te battre, éclairer,
Le doux silence des forêts.

Et toi, tu n'as pas peur ?
Dis-moi où tu demeures,
Que je vienne me poser comme un oiseau en fleurs
Sans aucune peur…

Si possible… Parce que le vent,
Qui vient du bout du monde,
Porte en lui, le sang des rondes…
Infernales et pleines, j'attends…

Calme et pleine de promesses,
Parce que le vent
Tisse au bout du firmament les tresses,
De mes cheveux mêlés aux tiens…

Tu as choisi d'être guerrier
Bats-toi pour l'éternité[31],
Parce que le vent
S'élève jusqu'au firmament,
Tu devras t'élever,
Tu peux aimer les étoiles de l'éternité…

La première s'appelle amour,
Et ne paraît qu'à la vue du jour,
De la vie.
La deuxième s'appelle douceur
De la vie,

Loin de la mort,
Et du temps qui dévore,
Encore…,
Une petite aurore,
Encore…
La nuit, le matin et l'or,

D'un vrai rêve qui devient
Notre songe, notre horizon
Et la nuit d'été, son matin,
Notre maison…

---

[31] L'éternité est un état indépendant du temps, il n'a ni début ni fin. Platon dans le *Timée* parle des idées éternelles ni changeantes, ni mouvantes. Selon Aristote, Platon admettait l'éternité du mouvement. On parle aussi de l'éternité linéaire cyclique.

La seule clé
Sera la vérité.
Les mensonges amenant la mort,
Mais, la licorne dort
Et paisible, elle aime et n'a pas peur…

### On attend tous un ange

Avec ou sans intransigeance
Qu'il ait les yeux gris ou bleus
Qu'elle ait des cheveux de jade et de feu,
Ils sont là en haut de l'escalier
Va les chercher, dit la voix, va les chercher.

Je t'attends, d'abord parce que je sais que tu es là
Et que tu es la réponse derrière le paravent,
Toi, dans les cieux et l'au-delà,
Les fleurs se réunissent dans les mains des enfants.

Tu portes et l'éclair
Et le tonnerre,
La lumière
Et la prière

Si tu me donnes, moi aussi je prends
Et je le dis, là aujourd'hui, je t'attends
Comme les fous perdus
Comme le matin au bout de la rue.

Tu es, ce dont tout le monde a besoin,
Tu es l'ami, l'ange et l'amour
Tu es mon unique royaume, là d'où tu viens

Les fontaines coulent au cours du jour.
Et c'est là que tu te caches, plein de secrets
Et c'est au fin fond des bois
Que tu la verras
La licorne des premiers instants rêvés.

Des yeux à tes yeux, se resserre l'espace
Dans lequel tes cheveux volent
Sans peur sans phare et sans trace
La nuit qui tombe restera folle,

Alors le gardien dira : Va les chercher
Là haut en haut des escaliers.
Sans peur, sans phare et sans trace.
Tu chercheras à fuir ces vertiges de glace.

Alors je m'assieds au bord de la fontaine,
Et je frôle les chimères,
Les fleurs, les jardins et les campagnes primevères.
Là où les enfants jouent sans peine.

Le feu qu'il y a en toi, me rejoint et tu reviens
Dès demain,
Un ange, une lueur blanche avec des ailes,
Et le jour passe vers tes étincelles.

Bouquet de feu, tu chantes des louanges lumineuses

Que notre cœur apprend
Sans aucune partition juste heureuse
Et tend la main le diamant

Du premier secours.
Ma mémoire se souvient,
Cette rue, ce matin, ce jour
Licorne, de mon lendemain.

Joseph

Dans mon amitié a planté sa flèche.
Ses yeux reflètent son cœur
Et ne savent mentir
Il est à l'épreuve du bonheur
Chaque jour et chaque avenir

Et quand il sourit
La nuit devient bleue
Parce qu'il perçoit l'infini
Le vent, la pluie et le feu

Et le matin pour lui berce la lumière
Et le conduit à un vaste champ de prière
Les fleurs le caressent et l'élèvent
À l'extrême de mes rêves…

Oui, il sait…
Respecte toutes les réalités.
Il regarde
Oui, il sourit
Et ne se garde

Que de la nuit
Car il veut garder l'étoile
Oui, mais celle qu'il a choisie
Celle qui ne fait pas mal

Il prend tes larmes,
Et par un très doux charme,
T'emmène au monde de l'arc-en-ciel
Et même il dira à celle, belle
Qui aura su prendre ses cris
Résonnant aux parfums de l'infini.

Son cœur est doux
Toute douceur, tout
Cadeau
Et le matin il fait chaud

Parce que le feu dans sa vie
Parce que le feu de son cœur
Éclaire le cœur aux infinis,
Et je lui dois mon bonheur.

# Table des matières

Comme c'est bon : La joie d'aimer, ................................................................. 7
J'aime la vie ................................................................................................ 15
La confiance ............................................................................................... 21
La douceur .................................................................................................. 33
La nuit ........................................................................................................ 35
La perfection .............................................................................................. 37
L'amitié ...................................................................................................... 41
Le philosophe, ........................................................................................... 45
Le secret, ................................................................................................... 49
Matitia dis moi où tu m'emmènes ........................................................... 53
Le voyage ................................................................................................... 61
Les mots du rêve, ...................................................................................... 67
Lui .............................................................................................................. 69
Le courage ................................................................................................. 71
Parce que le vent ....................................................................................... 75
On attend tous un ange ............................................................................ 81
Joseph ........................................................................................................ 85

## Références bibliographiques

[i] Gn, 2.18
[ii] Ct, 5.11 à 14
[iii] Gn, 1.3